AF502829

OBSERVATIONS

PRÉSENTÉES

AU JURY ET AUX MAGISTRATS

SUR LA RESPONSABILITÉ DE L'IMPRIMEUR

EN MATIÈRE DE PRESSE

La question de *responsabilité* de l'imprimeur, ou, pour être plus exact, la question de *complicité* de sa part pour les délits commis par la voie de la presse n'est pas nouvelle et des discussions sans nombre ont eu lieu devant les tribunaux ; les assemblées législatives ont eu plus d'une fois à se prononcer à cet égard, et, malgré les débats judiciaires, malgré les décisions de la justice, malgré les discussions des assemblées législatives, la question reste encore à résoudre ; cette incertitude dans la jurisprudence, cette controverse dans les discussions des législateurs, tout concourt à démontrer que la loi est vague, qu'elle n'a pas de fixité dans ses prescriptions et laisse tout à l'appréciation arbitraire du juge.

En présence d'une telle diversité d'opinions, un imprimeur doit se rassurer lorsqu'il a pour juges les jurés, qui sont les représentants de l'opinion publique ; les jurés, dont les verdicts ne sont, en quelque sorte, que l'écho de cette opinion ; le livre de la loi est fermé pour eux : c'est leur conscience qu'ils interrogent ; leur mission n'a pour objet ni la poursuite, ni la punition des délits ; ils ne sont appelés que pour décider si l'accusé est ou non coupable du délit qu'on lui impute. La loi ne leur fait que cette question : « *Avez-vous une intime conviction de la culpabilité de l'accusé ?* »

Ces premières réflexions nous conduisent naturellement à l'examen des obligations et des devoirs de l'imprimeur ; de cet examen résultera, nous n'en faisons aucun doute, que, dans les affaires soumises au jury, sa responsabilité n'est nullement engagée et qu'un verdict de culpabilité ne saurait l'atteindre.

La réglementation de l'imprimerie remonte à une date déjà bien ancienne. Que de décrets, de lois, d'ordonnances, d'arrêts de parlements, etc., sont intervenus depuis Charles VIII jusqu'à nos jours ; sans énumérer le chiffre de cette ancienne législation et à partir seulement de 1789 à 1843, le nombre des décrets et ordonnances est de 81,366, dont 3,042 appartiennent à l'Assemblée constituante ; 2,078 à l'Assemblée législative ; 14,034 à la Convention nationale ; 2,049 au Directoire ; 3,846 au gouvernement consulaire ; 10,254 à l'Empire ; 841 à Louis XVIII (du 1ᵉʳ avril 1814 au 9 mai 1815) ; 318 aux cent-jours et au gouvernement provisoire ; 17,812 à Louis XVIII à partir du 25 juin 1815 ; 15,801 à Charles X ; 10,931 à Louis-Philippe ; puis les lois de la Répu-

blique de 1848, celles du second Empire, celles de la nouvelle République (1).

Eh ! bien nous le demandons en conscience, y a-t-il même un juge
ou un jurisconsulte qui puisse prétendre connaître tous ces textes si souvent contradictoires? et l'on voudrait qu'un imprimeur, un industriel eût
plus de science que le juge et le jurisconsulte ; cela ne saurait se sou-
tenir, il ne faut donc retenir des dispositions de toutes ces lois que celles
relatives aux obligations professionnelles, sans rendre jamais l'imprimeur responsable moralement d'un écrit qu'il n'a pas lu et pour l'impression duquel il s'est borné à fournir ses presses et ses caractères.

Laissons donc de côté toutes ces lois en ce quelles se rapportent aux
obligations matérielles imposées à l'imprimeur : dépôt d'écrits imprimés ;
déclarations préalables ; timbre de certains écrits ; signature, indication
de l'établissement, etc., etc. ; arrivons à la complicité dont on veut le
rendre responsable.

Après l'abrogation des priviléges en 1789, l'acte constitutionnel du
24 juin 1793 proclama les Droits de l'Homme et du Citoyen ; la propriété
littéraire fut consacrée, la liberté de la presse fut reconnue ; à cette époque
déjà, on se préoccupa du rôle que devait avoir l'imprimeur dans les publi-
cations sortant de ses presses, et de la part de responsabilité lui revenant.
Un ministre de Louis XVI, que la presse ménageait peu (M. de Calonne),
se montra généreux envers l'écrivain, et juste envers l'imprimeur. Voici
ce qu'il écrivait au Roi :

« La liberté de communiquer ses pensées, soit particulièrement par la voie des
lettres, soit publiquement par celle de l'impression, est une conséquence de la
liberté individuelle.

---

(1) *Code-Manuel de la presse, imprimerie, librairie*, par Hipp. Duboy, avocat à la Cour de cassa-
tion, et Ch. Jcob, avocat à la Cour d'appel, page 144, n. 159.

» La liberté de la presse est encore plus importante. J'en ai tant souffert depuis dix-huit mois, qu'on ne me soupçonnera pas de vouloir diminuer ses inconvé-nients; mais je dirai que les avantages qu'on ne peut lui contester appartiennent à sa nature, et que les abus qu'on lui attribue ne sont que des effets de la mé-chanceté humaine; qu'il n'y a aucun motif de se priver du bien qu'elle doit faire, qu'il y en a beaucoup de punir sévèrement le mal dont on la rend l'instrument.

» Le seul préservatif qui doive accompagner la liberté de la presse, c'est de défendre, sous des peines rigoureuses, de publier aucun imprimé qui ne porte le nom de son auteur, ou au moins celui de l'imprimeur, lequel demeurera respon-sable jusqu'à ce qu'il ait fait connaître de qui il tient le manuscrit. »

Voilà quel était, à cette époque, le langage du ministre d'un roi auto-cratique ; il posait ce principe juste, équitable, que chacun est responsable de ses actes, à cette condition, que, pour engager la responsabilité, il fallait, d'après M. de Calonne, avoir concouru *intentionnellement* à la con-sommation d'un délit : « l'imprimeur n'était responsable d'un délit ou d'un crime que lorsqu'il publiait un écrit sans nom d'auteur, ou au moins le sien, et, dans ce dernier cas, sa responsabilité cessait lorsqu'il faisait connaître de qui il tenait le manuscrit. »

Les différents règlements, arrêtés et lois publiés de 1793 à 1810 ne renferment aucune pénalité contre les imprimeurs, autre que celles en-courues pour manquements aux obligations professionnelles.

Le décret du 5 février 1810 est purement réglementaire pour l'impri-meur et le libraire ; son analyse ne serait d'aucun intérêt pour la question soumise au Jury.

Le 3 août 1810 est publié un décret permettant la publication d'un seul journal par département autre que celui de la Seine. Ce décret ne porte non plus aucune pénalité contre l'imprimeur.

Cette législation, tout arbitraire, se continue jusqu'au mois d'octobre 1814 ; à cette époque, un nouveau gouvernement venait de promulguer la Charte, qui devait garantir la liberté de la presse. Un projet de loi sur la presse fut alors présenté à la Chambre des députés.

En apportant cette loi aux représentants, l'abbé Montesquiou, ministre de l'intérieur, disait :

« Cette loi est le complément nécessaire de l'article de notre Charte constitutionnelle qui en garantit la liberté. Personne ne conteste plus aujourd'hui la justice et les avantages de cette liberté longtemps redoutée. L'Imprimerie a rendu à la société de si grands et de si nombreux services, qu'une nation civilisée ne saurait renoncer aux bienfaits qu'elle peut encore en attendre..... »

Ainsi parlait un ministre de la Restauration.

C'est dans ces circonstances que parut la loi du 21 octobre 1814. L'article 9 disait :

« Les journaux et écrits périodiques ne pourront paraître qu'avec l'autorisation du roi. »

L'imprimeur, dans cette loi, pouvait être poursuivi avec l'auteur incriminé ; *mais la loi lui donnait le moyen de s'exonérer de toute poursuite.*

« Les auteurs et imprimeurs, disait l'article 10, pourront requérir, avant la publication d'un écrit, qu'il soit examiné en la forme prescrite par l'article 4 (1);

---

(1) Art. 4 de la loi du 21 octobre 1814 :

« Le Directeur général de la Librairie fera examiner, par un ou plusieurs censeurs, choisis entre ceux que le roi aura nommés, les écrits dont il aura requis la communication et ceux que les préfets lui auront adressés. »

s'il est approuvé, l'auteur et l'imprimeur seront déchargés de toute responsabilité, si ce n'est envers les particuliers lésés. »

Sous le règne de Louis XVIII comme sous celui de Louis XVI, le gouvernement, on le voit, reconnaissait que, lorsque l'auteur d'un écrit était connu, l'imprimeur était dégagé de toute responsabilité. C'était de toute justice ; aussi ne s'explique-t-on pas que, la civilisation marchant, les idées de progrès se manifestant chaque jour de plus en plus, on arriverait à rendre responsable d'un délit l'agent inoffensif et inconscient.

En 1819, trois projets sur la presse furent présentés simultanément :

Le premier contient les dispositions pénales ;

Le second règle le mode de procédure et de jugement qui doit être suivi pour la poursuite et la répression de ces crimes et délits ;

Le troisième est relatif aux journaux et écrits périodiques qui, affranchis de toute censure préalable, ont paru exiger des dispositions particulières.

Ces lois portent la date des 17 mai, 26 mai et 9 juin 1819.

Elles furent présentées à la chambre des députés par M. de Serres; comme le ministre de Louis XVI (M. de Calonne), le ministre de Louis XVIII (M. de Serres) rendit un hommage public au journalisme :

« L'auteur d'un journal, disait le ministre, dans l'état actuel de la société, remplit une véritable fonction; il exerce un véritable pouvoir, et la société a droit de s'assurer que cette fonction sera fidèlement remplie, que ce pouvoir ne sera point dirigé contre elle et contre ses membres.

» Mais, d'un autre côté, la publicité, cette âme, cet élément des gouvernements représentatifs, la publicité n'existerait pas tout entière, la liberté de la presse serait évidemment incomplète sans la liberté des journaux... Les garanties de la société doivent être telles qu'elles ne portent aucune atteinte à la liberté du journal une fois établi ; telles encore que, en remplissant les conditions imposées, nul ne soit exclu du droit d'élever un journal... »

Dans l'exposé des motifs, on ne trouve pas une seule fois le nom de l'imprimeur comme pouvant être déclaré complice de l'auteur d'un article incriminé ; c'est que, dans la pensée du gouvernement, il y avait injustice à faire d'un industriel, qui n'a d'autre préoccupation que la bonne confection, au point de vue matériel, le complice de l'auteur de l'écrit.

Aussi, dans le projet de loi, aucune peine n'était édictée contre lui, c'est dans la discussion, qui fut très-vive et à laquelle prirent part des hommes éminents, qu'un amendement fut proposé pour rendre l'imprimeur complice du délit et condamné comme l'auteur lui-même ; le gouvernement se rallia à cet amendement.

Vainement des orateurs autorisés soutinrent que faire de l'imprimeur le complice de l'écrivain, et le placer sous le coup de l'article du Code pénal qui punit la complicité, c'était le placer au milieu d'embûches et de piéges.

Le paragraphe 2 de l'article 60 du Code pénal est ainsi conçu :

« Ceux qui auront procuré des armes, des instruments, ou tout autre moyen qui aura servi à l'action, sachant qu'ils devaient y servir. »

Il n'y a là, on le voit, ni précision, ni clarté, ni protection ; par conséquent, tant que cet article subsiste, il n'y a pas de sécurité pour l'imprimeur et pas de liberté pour la presse.

La seule utilité possible de la loi sur la responsabilité des imprimeurs, *c'est de les transformer en censeurs obligés.*

Ces conséquences n'échappèrent pas aux législateurs de 1819, mais, loin de repousser une disposition de loi qui amenait de tels résultats, on l'acclama en quelque sorte ; il est vrai qu'à cette époque on se glorifiait de ne pas être libéral. Un député s'écriait :

« Imprimeurs, si vous craignez les amendes et les confiscations, si vous ne voulez pas être emprisonnés et ruinés, érigez-vous en censeurs des écrivains ! » Et M. Hua disait à son tour : « Où serait le mal quand les imprimeurs s'érigeraient en censeurs...? »

Benjamin Constant, qui combattit, avec autant d'énergie que de talent, cette disposition de loi sur la responsabilité de l'imprimeur, s'exprimait ainsi dans cette discussion :

« Un imprimeur est un homme qui concourt avec un écrivain à la publication d'un ouvrage ; l'écrivain y concourt par sa pensée, l'imprimeur par sa p resse l'un est l'auteur de l'écrit : à lui en reviennent, si l'écrit est bon, le profit durable et toute la gloire ; l'autre est l'instrument de la publication : il n'a de profit que le salaire d'une industrie matérielle. »

Et l'illustre orateur ajoutait :

« La non-responsabilité de l'imprimeur est la règle, la responsabilité l'exception. Le ministère et la commission font de la règle l'exception, et de l'exception la règle : il y a injustice, il y a absurdité. »

Malgré ces raisons pleines de vérité et de justice, cette responsabilité fut proclamée et l'art. 24 de la loi du 17 mai 1819 déclara :

« Que les imprimeurs d'écrits dont les auteurs seraient mis en jugement, en vertu de la présente loi, et qui auraient rempli les obligations prescrites par le titre 2 de la loi du 21 octobre 1814 ne pourront être recherchés pour le simple fait d'impression de ces écrits, à moins qu'ils n'aient agi *sciemment*, ainsi qu'il est dit à l'article 60 du code pénal qui définit la complicité. »

En analysant plus haut cet art. 60 du Code Pénal, nous avons fait ressortir combien il était vague en ce qui concerne la nature des moyens qui devront constituer la complicité.

Voilà donc la loi qui fait de l'imprimeur un économiste, un diplomate, un homme politique ; en un mot, il doit posséder toutes les connaissances humaines ; il doit même savoir lire dans les cœurs et dans les consciences, car il doit comprendre tout ce qu'il imprime, quoiqu'il ne le lise pas, et il doit connaître la pensée intime de l'écrivain.

En présence de cette rigueur, on se demande si la présence de l'imprimeur au jugement, la poursuite dont il est l'objet donneront plus de garanties à la Société ? La loi ne sera-t-elle pas suffisamment armée lorsqu'elle aura devant elle l'auteur et l'éditeur, l'un, responsable de la production, l'autre de la publication ? C'est assez, ce semble, de deux victimes pour un seul fait ; de bons esprits pensent même qu'un seul devrait être punissable, car, en réalité, l'auteur est le seul publicateur ; la boutique du libraire, comme l'atelier de l'imprimeur, n'est que le moyen matériel de faire sa propagande, et si l'on veut chercher des complices dans tous ceux qui participent à l'œuvre, la logique voudrait que l'on poursuivît le marchand d'encre, le papetier, le brocheur, etc.

Dans tout délit politique par écrit, l'écrivain seul fait un écrit politique ; pour lui trouver des complices, il faut trouver des volontés associées à la pensée de l'œuvre ; mais la volonté de l'imprimeur y est tellement étrangère, qu'il n'en a pas même conscience. Or, punir un homme comme complice d'un délit dont il n'a pas conscience, c'est le renversement de tous les principes du droit.

Quoi qu'il en soit de toutes ces vérités juridiques, la responsabilité de l'imprimeur a toujours été maintenue depuis 1819, et à chaque modification des lois sur la Presse, cette question, d'affranchir l'imprimeur, s'est toujours présentée. En 1867, lorsqu'il s'est agi de réviser le décret organique du 17 février 1852, une savante discussion s'engagea sur cette question; elle fut traitée à fond par les orateurs qui voulaient faire disparaître de nos lois sur la presse cette disposition illogique qui fait un complice d'un homme qui ignore même qu'un délit a été commis.

Les orateurs, pour démontrer tout ce qu'il y avait d'injuste dans la loi de responsabilité de l'imprimeur, durent faire connaître les difficultés, les impossibilités de toute nature qui ne permettent pas à celui-ci d'apprécier et de juger ce qu'il imprime et par conséquent exclut toute idée de volonté coupable de sa part.

Par une circonstance toute fortuite, les arguments présentés à l'appui de cette thèse furent puisés dans les faits qui se produisent chaque jour à l'imprimerie de M. Dubuisson.

M. Dubuisson, en témoignant ici publiquement de sa reconnaissance aux orateurs qui ont pris en main la juste défense des imprimeurs, croit ne pouvoir mieux faire que de placer aujourd'hui sa défense personnelle sous la protection de la savante discussion qui eut lieu à la Chambre, dans la séance du 13 février 1868. (Les citations qui suivent sont empruntées au compte rendu sténographique publié *in extenso* par le *Moniteur*.)

M. Jules Simon, aujourd'hui ministre de l'instruction publique, d'accord avec plusieurs de ses collègues, présenta un amendement qui se résume ainsi : « Ne pas mettre en cause simultanément pour un même délit l'auteur, l'éditeur et l'imprimeur, mais l'auteur quand il est connu ; à défaut de l'auteur, — l'éditeur, et à défaut de l'auteur et de l'éditeur, — l'imprimeur, mais dans ce cas seulement. »

Après des considérations générales sur les poursuites en matière de presse et le but que doit se proposer la loi d'atteindre et de frapper le vrai, le seul coupable, l'orateur dit qu'il faut effacer de la loi française cette triste, cette honteuse mesure qui place à côté de l'auteur principal des hommes qui sont de faux complices, de faux coupables, dont la culpabilité est une pure fiction ; il continue ainsi :

« Je dis que l'imprimeur est complice factice, un complice créé par la loi, que ce n'est pas un complice réel. Et il est évident que ce n'est pas un complice réel; vous n'avez, pour vous en convaincre, qu'à considérer la situation dans laquelle se trouvent les imprimeurs. Si on donne suite à la proposition de la commission et que l'usage prévaille d'avoir un imprimeur pour chaque journal, — un seul imprimeur pour un seul journal, vous pourrez, à la rigueur, imaginer que l'imprimeur lira tous les jours, après le rédacteur en chef, le journal qu'il doit imprimer ; — cette supposition ferait sourire quiconque sait ce que c'est qu'un journal, et ce que peut y être la situation d'un imprimeur, d'un simple propriétaire de caractères et de presses d'imprimerie ; — mais enfin, il n'y aura pas impossibilité physique, dans ce cas, à ce que l'imprimeur lise le journal et se rende compte des articles qu'il contient.

» Dans la vérité des choses, tout se passe bien différemment. Dans la rue Coq-Héron, existe une imprimerie, qui est, je crois, celle de M. Dubuisson, dans laquelle on imprime je ne sais pas au juste combien de journaux.

» M. ADOLPHE GUÉROULT. Dix ou douze.

» M. JULES SIMON. Dix ou douze. Le propriétaire de cette imprimerie doit faire composer ces dix ou douze journaux dans le même moment de la journée ; de sorte que plusieurs centaines d'ouvriers sont occupés simultanément à composer un nombre infini de feuillets. Existe-t-il, je vous le demande, une intelligence humaine qui puisse se débrouiller au milieu de cette quantité d'idées? une horloge qui permette à un même homme, dans l'espace de cinq ou six heures, de lire ces dix à douze journaux, depuis la première ligne jusqu'à la dernière ?

» A moins de réaliser de tels miracles, il faut convenir que ce complice, imaginé et créé par vous, non-seulement n'est pas un complice, mais ne pourrait l'être quand il le voudrait. Sait-il seulement d'une manière générale ce que ces douze journaux contiennent? Est-ce que c'est son métier? Son métier est-il d'être un homme instruit, sachant la politique, *connaissant jusqu'aux matières religieuses, qui sont bien autrement délicates et épineuses que les matières politiques?* Vous savez bien que non. Son métier est de savoir ce que c'est que des caractères d'imprimerie, qu'une machine à imprimer, de bien diriger ses ouvriers, de les payer convenablement, d'établir une bonne police dans ses ateliers et de faire faire des corrections exactes.

» *Ainsi, il n'a ni le temps, ni la compétence, ni la possibilité d'être complice ;* donc il ne l'est pas, ou il ne l'est que par une fiction légale, ce qui est déplorable. Songez-y ; pesez la valeur de ces deux mots : un coupable de par la loi, qui est parfaitement et nécessairement innocent ! »

. . . .

Après avoir rappelé toutes les pénalités auxquelles sont exposés les imprimeurs, pour manquements professionnels, l'orateur ajoute :

« Lors de la disscusion de la loi de 1819, il se trouva parmi les membres de l'opposition des hommes qui furent indignés de cette pénalité sans motif et sans mesure, et qui, appartenant aux lettres françaises et les honorant par leurs écrits, se crurent obligés de lutter avec une énergie indomptable pour arracher à la Chambre de 1819 une atténuation à cette loi déplorable. C'est à Benjamin Constant qu'en revient surtout l'honneur ; toutefois, on ne céda pas complétement à ses objurgations. L'article 24 fut tout ce qu'on accorda à ses raisons, à son éloquence. »

On voulut bien admettre que l'imprimeur ne serait coupable que s'il avait agi *sciemment*.

M. Jules Simon continue :

« Lorsque la Belgique fit sa constitution, après la révolution de 1830, on remit en délibération les lois sur la presse, parce que toutes les fois qu'un peuple fait une révolution, parmi les droits les plus sacrés que les vainqueurs inscrivent sur la première feuille de papier qui leur tombe sous la main en déposant le mousquet, ils ne manquent pas d'y mettre les droits de la pensée, c'est-à-dire les droits de la presse. Les états généraux de Belgique examinèrent la loi française, et leur premier désir comme leur premier devoir fut de l'abroger complétement. Quand ils en vinrent à la question dont je parle, ceux qui voulaient conserver la responsabilité des imprimeurs ne manquèrent pas d'invoquer cet article 24, c'est-à-dire le mot *sciemment* qui s'y trouve. Mais alors presque toutes les voix s'élevèrent pour dire que c'était là une égide insuffisante, que le mot *sciemment*, donnant lieu à des interprétations faites trop souvent par esprit de parti, n'était pas une protection pour l'instrument de la pensée, et que, si on voulait la pensée libre, il fallait lui donner un instrument indifférent, comme la condition de la liberté. »

Par une conséquence logique, l'article fut rejeté et remplacé par une disposition nette, formelle, précise, que voici : « *Jamais l'imprimeur n'est responsable de ce qu'il imprime.* » (Marques d'approbation à la gauche de l'orateur.)

Dans la même séance du 13 février, M. Paul Dupont, député, s'exprime ainsi à la tribune française :

« Il n'est jamais entré dans la pensée de personne de contester que le complice doive être puni à l'égal du coupable ; mais encore faut-il qu'il y ait un complice et que la complicité soit bien avérée.

» Eh bien ! dans plusieurs cas, l'imprimeur peut n'être pas complice ; en deux mots, voici pourquoi. On a introduit dans la loi de 1819 le mot *sciemment*, mot élastique, qui mettait l'imprimeur purement et simplement à la merci du juge. Depuis cette époque, l'imprimeur sage, qui a voulu éviter des condamnations, a dû établir chez lui un véritable censeur ; j'en ai un chez moi depuis quarante ans. Il examine tous les livres qui sont apportés, et il les refuse ou les accepte suivant le degré de pénalité que pourrait entraîner l'impression. Mais il y a des cas où cette censure est très-difficile. Il y a tel imprimeur qui noircit par jour 500 rames de papier, ce qui représente 250,000 feuilles. Ces 250,000 feuilles sont réparties sur un grand nombre d'ouvrages, et comment voulez-vous qu'un imprimeur ou un censeur en ait connaissance ?

» Mais où cela est véritablement impossible, c'est dans l'impression des journaux du soir. En effet, dans les trente dernières minutes qui précèdent la mise en vente d'un journal du soir, il faut que l'auteur rédige son article, il faut que, ligne par ligne, cet article soit envoyé aux compositeurs, mis sous presse, imprimé, et que le journal tiré par les mécaniques soit mis en vente.

» Je le demande, est-il matériellement possible que l'imprimeur connaisse les dix ou douze journaux qui sont ainsi écrits, composés, tirés et mis en vente dans une demi-heure?

» Toutes les fois que l'on condamne l'imprimeur d'un journal du soir, je crois, en mon âme et conscience, malgré tout mon respect pour les lois existantes, qu'on fait un acte inique. Mieux vaudrait, à mon sens, dire aux imprimeurs : « Il vous est défendu d'imprimer des journaux. » Ils sauraient du moins à quoi s'en tenir.

» Je me rallie donc à l'opinion que vient d'exprimer notre honorable collègue, M. Jules Simon. (Approbation sur divers bancs.)

» M. LE COMMISSAIRE DU GOUVERNEMENT.—Je demande la permission de faire une courte réponse aux observations que vous venez d'entendre.

» Tout ce que vient de dire l'honorable M. Paul Dupont peut être vrai, et je n'ai pas à le contester. Si les circonstances qu'il vient d'énumérer se rencontrent, elles seront utilement invoquées comme moyens de défense devant les juges chargés de prononcer. (Exclamations à la gauche de la tribune.).

» Certainement, lorsque l'imprimeur aura démontré qu'il lui a été impossible de lire et de connaître l'article ou les articles contenus dans le journal sorti de ses presses, il y aura, et cela est arrivé plus d'une fois, il y aura acquittement, ou plutôt, dans de pareils cas, il n'y aura point de poursuite. (Mouvements divers.)

» M. LE PRÉSIDENT SCHNEIDER. — La parole est à M. Guéroult.

» M. ADOLPHE GUÉROULT. — J'en demande bien pardon à l'honorable commissaire du gouvernement ; mais toutes les fois que l'imprimeur a pu démontrer qu'il ignorait ce qui s'était imprimé chez lui, il n'a pas été acquitté pour cela, et je vais vous en donner un exemple irrécusable.

» Un imprimeur de Paris, celui-là même dont on a parlé il y a quelques instants, et qui imprime douze journaux chez lui, M. Dubuisson est appelé à Montpellier pour un procès que doit subir l'un des journaux qu'il imprime. Pendant qu'il est à Montpellier, on poursuit à Paris l'un des autres journaux imprimés chez lui ; l'im-

primeur n'était pas à Paris ; il lui était donc matériellement impossible de lire ce
que contenait le journal poursuivi.

» M. LE COMMISSAIRE DU GOUVERNEMENT. — Il a été poursuivi, mais a-t-il été condamné ?

« M. ADOLPHE GUÉROULT. — Il a été condamné ! (Mouvement.) »

Le fait avancé par l'honorable M. Guéroult est parfaitement exact;
nous devons le rappeler en peu de mots :

Un journal, la *Jeune France*, s'imprimait chez M. Dubuisson qui, à cette
époque, fut appelé devant le tribunal de Montpellier pour répondre éga-
lement à un délit de presse imputé à l'un des journaux qu'il imprimait ;
pendant son absence, l'un des numéros de la *Jeune France* fut incriminé,
poursuivi, et M. Dubuisson, qui n'avait pu lire l'article, et n'en avait aucune connaissance, fut condamné à un mois de prison et 400 francs
d'amende ; la peine d'emprisonnement fut relevée et convertie en une
amende de 600 francs. Voilà le fait auquel M. Guéroult a fait allusion.
Le jury comprendra donc avec quelle puissance de logique et de vérité
les membres de la Chambre des députés soutenaient que l'imprimeur ne
pouvait être déclaré complice en matière de délit de presse.

Admettre sa responsabilité, c'est vouloir interdire la profession d'imprimeur, c'est l'annihiler. Faudra-t-il donc, si des circonstances l'ap-
pellent au dehors, que l'imprimeur ferme ses ateliers et prive ses ouvriers
de leurs moyens d'existence ? Ce seraient là cependant les conséquences
d'une jurisprudence qui le rendrait complice de l'écrivain.

Le jury voit tout ce qu'il y a d'anormal dans la position que l'on fait à
l'imprimeur, heureusement que les rigueurs de la loi seront tempérées
par sa sagesse.

Les arguments présentés par les députés dans la mémorable séance du
13 février 1868 n'ont pas été détruits par le commissaire du gouverne-

ment, M. Jolibois : vainement il s'efforça de répondre à M. Jules Simon et à M. Paul Dupont, la discussion rapportée au *Moniteur* témoigne de son embarras, et la réponse que fit M. Guéroult à une allégation de M. le commissaire du gouvernement le confondit.

Faut-il répondre à l'un des arguments présentés par M. Jolibois :

« La complicité de l'imprimeur, disait-il, n'est autre que la complicité du droit commun, et je vous demande de la conserver dans nos codes avec une énergie égale à celle que tout à l'heure on déployait pour vous engager à la faire disparaître. »

En droit commun la complicité, ainsi qu'elle est définie dans l'art. 60 du Code pénal, n'existe qu'autant que le concours est matériel et intellectuel à la fois. Si la loi du 17 mai 1819 n'était appliquée qu'au pied de la lettre, l'imprimeur serait moins coupable que le typographe qui compose, que le correcteur qui revoit les épreuves.

L'ouvrier typographe, dont le concours à la fois matériel et intellectuel est indispensable à l'accomplissement du délit, a toujours été considéré par la jurisprudence actuelle comme un être purement passif, par conséquent irresponsable ; est-il rationnel de faire peser cette responsabilité sur l'imprimeur, qui se borne à fournir les caractères, livrer ses presses et surveiller la bonne exécution typographique des œuvres qui sortent de ses ateliers ?

En résumant les observations dont le Jury excusera la longueur, eu égard à l'importance de la question qui lui est soumise, on arrive à reconnaître que la responsabilité de l'imprimeur s'est aggravée à mesure que les idées de liberté de la presse se manifestaient ; sous Louis XVI, elle ne se trouvait engagée que dans le cas où le nom de l'auteur d'un écrit coupable n'était pas connu. La Charte de 1814 assurait la liberté de la presse et c'est sous son empire qu'est faite cette loi de 1819 qui rend l'imprimeur responsable, même l'auteur étant connu, s'il a agi sciemment.

Ici une parenthèse : Qui doit prouver que l'imprimeur a agi sciemment? N'est-ce pas l'accusation? Fait-elle cette preuve? Nullement; elle n'offre même pas de la faire; son seul argument, c'est le fait matériel de l'impression. En vérité, cela ne saurait être sérieux : si l'on interroge l'esprit de la loi sur la complicité, on voit que, pour l'établir, il faut avoir aidé l'auteur de l'écrit coupable avec connaissance de cause, avoir en quelque sorte coopéré à l'œuvre répréhensible ; mais tout cela, il faut le prouver et mettre le prévenu à même de repousser les faits de complicité qu'on lui impute ; jusque-là, il n'a rien à prouver ; c'est un principe élémentaire en droit, qu'on ne prouve pas un fait négatif.

Si l'on interroge les lexiques sur le sens qu'il faut donner au mot *sciemment*, on trouve cette définition, qui vient à l'esprit de tout homme raisonnable :

SCIEMMENT, *avec connaissance de ce que l'on fait, avec réflexion.*

Est-il nécessaire d'insister pour démontrer que, dans la position de l'imprimeur qui imprime un grand nombre de journaux, emploie 400 ouvriers, et qui a tous les soucis d'une grande industrie ; est-il nécessaire d'insister pour démontrer qu'il est dans l'impossibilité matérielle de lire tous les articles de journaux qu'il imprime, ce qui exclut toute idée de complicité. L'insistance à cet égard serait une injure à la haute sagesse et aux lumières du jury.

Décider autrement, ce serait faire de l'imprimeur un censeur qui mettrait en quelque sorte la liberté de la presse à sa discrétion.

Il est une dernière réflexion que nous soumettons au Jury : La loi quel que soit son objet, n'est jamais que le résultat et l'expression d'un besoin ou d'une circonstance ; elle reflète les mœurs, les tendances et surtout les frayeurs de l'époque. Les lois de la presse ont été spécialement faites en vue d'opposer un rempart contre les attaques, dont les gouvernements, qui se fondent, veulent se garantir; aussi sont-elles considérées comme lois d'exception, et à ce titre elles sont nécessairement destinées à disparaître avec les causes qui les ont fait naître. Mais cette disparition, ou plutôt cette abrogation, se fait souvent attendre, et il arrive qu'une loi continue à régir un état social avec lequel elle a cessé d'être en harmonie.

Ainsi, pour nous servir de notre propre sujet par exemple, les lois monarchiques de 1819 et de 1822, toutes empreintes du droit divin, régissent encore la presse, bien que la forme et le principe du gouvernement actuel reposent sur une base et des idées diamétralement opposées. N'est-ce pas une situation anormale et tout à fait insolite de voir appliquer, sous la République, les lois de la monarchie, que l'on peut considérer comme des lois de circonstance, destinées à consolider le gouvernement qui s'établissait? Ce gouvernement est tombé, les lois de circonstance, les lois exceptionnelles doivent tomber avec lui.

C'est au jury qu'il appartient aujourd'hui, par ses verdicts, d'affirmer la liberté de la presse, en écartant la responsabilité que l'on veut faire retomber sur l'imprimeur qui a fourni ses presses à un journal dont il n'a pas lu les articles, que la loi ne l'obligeait pas à lire ; décider autrement, ce serait faire violence à la raison, à la justice, à l'équité.

Ce serait rétablir la censure et la mettre entre les mains de l'imprimeur, il n'y aurait plus alors de liberté de la presse, sauvegarde des droits de la nation.

« Savez-vous pourquoi la France veut de cette liberté de la presse, disait M. Thiers (1)? C'est qu'après en avoir souffert elle a vu ensuite, par une expérience

---

(1) Séance du Corps législatif, 30 janvier 1868.

de quinze années, ce que c'était qu'un gouvernement qui n'était pas conlrôlé par la presse. La France veut *savoir*.

Pour qu'elle *sache*, il ne faut pas que l'écrivain soit placé en face des terreurs et des caprices de l'imprimeur. Celui-ci doit rester un industriel, inconscient du délit qui peut se commettre; il ne faut pas en faire un censeur, et c'est ce qui arriverait nécessairement si l'on voulait le rendre complice de l'écrivain.

Paris, mars 1872.

Paris. — Imp. de Dubuisson et Cᵉ, rue Coq-Héron, 5.